8
LN27
41242

LA MARSEILLAISE

ET

ROUGET DE LISLE

PAR

E. DE SAINT-MARTIN

BESANÇON

IMPRIMERIE MILLOT FRÈRES ET Cⁱᵉ

20, RUE GAMBETTA, 20

1892

LA MARSEILLAISE

ET

ROUGET DE LISLE

PAR

E. DE SAINT-MARTIN

BESANÇON

IMPRIMERIE MILLOT FRÈRES ET Cⁱᵉ

20, RUE GAMBETTA, 20

1892

Le centenaire de la Marseillaise, improvisée il y a un siècle, dans la nuit du 5 au 6 avril 1792, a été célébré le 24 avril dernier à Choisy-le-Roi, où reposent les cendres de son auteur, Rouget de Lisle.

C'est en mémoire de ce centenaire que nous avons écrit, sans la moindre prétention, ces quelques pages, dans le but de répandre l'histoire encore trop peu connue de notre Chant national.

Elles s'adressent donc à tout le monde,

mais principalement à la jeunesse des écoles. On doit, en effet, s'efforcer de lui faire connaître les œuvres, aussi bien que les actes, des hommes de la Révolution ; c'est le meilleur moyen de développer en elle le sentiment du patriotisme et l'amour de la liberté.

E. S.-M.

Les émigrés avaient obtenu l'aide de l'étranger pour rétablir l'ancien régime renversé par la Révolution. A leur instigation, le duc de Brunswick, placé à la tête d'une armée prussienne réunie à Coblentz, prête à envahir notre pays, avait lancé un manifeste dans lequel il menaçait de détruire Paris, si Louis XVI ne recouvrait pas les privilèges qu'on lui avait enlevés.

A cette violente provocation, l'Assemblée législative venait de répondre en proclamant la Patrie en danger et en appelant tous les citoyens à sa défense.

A cet appel, des bataillons de volontaires arrivaient dans la capitale de tous les points de la France.

L'un d'eux, celui des fédérés de Marseille, fit son entrée à Paris en chantant un hymne guerrier nouveau, dont l'air entraînant et les ardentes paroles soulevèrent l'admiration de tout le monde. L'enthousiasme des Parisiens fut tel qu'ils lui donnèrent aussitôt, sans se préoccuper de son nom véritable, celui d' « *hymne des Marseillais* » ou de « *Marseillaise.* »

D'où venait donc ce chant si martial, tombé comme une bombe au milieu du magnifique élan patriotique de 1792 ?

Au mois d'avril, lorsqu'était arrivée à Strasbourg la nouvelle de la déclaration de guerre contre l'Autriche, le maire Diétrich, dans un dîner offert aux volontaires, avait prié l'un des convives, un jeune capitaine de génie, qu'il savait à la fois poète et musicien, de composer un chant de guerre plus de circonstance que les vieux refrains militaires alors en usage.

Cet officier était Rouget de Lisle, un ardent patriote. Après le dîner, il regagna son logis à travers les rues étroites de la vieille cité alsacienne, sous l'obsession de l'idée qui lui avait été suggérée. Rentré chez lui, dans un moment d'inspiration, il composa les paroles et la musique de ce chant, qui l'a immortalisé en devenant l'hymne national de notre pays.

Le lendemain matin, son œuvre faisait l'admiration d'un des convives de la veille, officier d'état-major, auquel il était venu la montrer. Encouragé par l'accueil chaleureux fait par son camarade à cette improvisation, Rouget se rendit, quelques heures après, chez Diétrich, et là, accompagné sur le piano par une des nièces du maire, chanta cet admirable morceau au milieu d'un enthousiasme indescriptible.

*
* *

Jamais, sans doute, l'apparition d'un chant ne fit tant sensation que celle de la Marseillaise. « Ce fut, dit Michelet, comme un éclair du ciel ; tout le monde fut saisi, ravi ; tous reconnurent ce chant entendu pour la première fois... »

Rouget de Lisle l'adressa avec une dédicace au maréchal Luckner, et le fit publier aussitôt sous le nom de « *Chant de guerre de l'Armée du Rhin.* »

La première fois qu'il fut exécuté en public, à la revue d'adieu des volontaires, l'effet en fut prodigieux. L'auteur racontait plus tard que les soldats se disaient : « Qu'est-ce donc que cet air-là ? On dirait qu'il a des moustaches. »

*　*
*

Il fut vite en vogue et se répandit avec une rapidité extraordinaire, à cette époque où les moyens de communication étaient lents et difficiles.

Dans l'espace de trois mois, il était connu jusqu'à l'autre bout de la France. En juin on le chantait à Marseille, et les journaux de cette ville le reproduisaient sous le titre de « *Chant de guerre aux armées des frontières.* » On en avait distribué des exemplaires aux volontaires partant pour Paris ; nous avons dit quelle réception triomphale lui avait été faite par les Parisiens.

Partout où on l'entendait, on voulait le chanter ; aussi les éditions en furent-elles nombreuses. Quelques-unes ont même été augmentées de couplets nouveaux inspirés par les circonstances.

Il était devenu le chant de tous les patriotes, et en France, et aux armées.

*
* *

C'est à ses mâles accents, que les volontaires s'enrôlaient sur les places publiques.

*
* *

Sur les champs de bataille, il ranima souvent les jeunes soldats de la République, en présence des armées les plus renommées d'Europe ; et sa voix, mêlée à celle de la mitraille, contribua plus d'une fois à la victoire.

Aussi des généraux n'hésitaient-ils pas à écrire : « Nous nous sommes battus un contre dix, mais la Marseillaise combattait à nos côtés. » — « Envoyez-moi mille hommes et un exemplaire de la Marseillaise, et je réponds de la victoire. »

Dumouriez, dans une proclamation, disait à ses troupes : « Si l'ennemi veut passer la Meuse, serrez vos rangs, baissez vos baïonnettes, entonnez l'hymne des Marseillais, et vous vaincrez. »

A Paris, on avait transformé ce chant de guerre en pièce de théâtre sous le titre d'*Offrande à la Liberté*. Chaque fois qu'on le jouait, c'était, dans les salles de spectacle, des transports approchant du délire. Son souffle patriotique semblait être passé dans toutes les âmes, et tout le monde répétait en chœur le refrain :

Aux armes, citoyens !

Au sixième couplet :

Amour sacré de la Patrie

les acteurs tombaient à genoux, la salle entraînée se levait. Spectacle sublime, à cette époque de la Révolution, où venaient de s'éveiller, dans la nation entière, les grandes idées qui lui firent accomplir les choses les plus surprenantes.

*
* *

La Marseillaise était devenue, de fait, le Chant national de notre pays.

Le ministre de la guerre, après la défaite de l'armée prussienne à Valmy, faisait répondre à Kellermann qui lui demandait l'autorisation de faire chanter un *Te Deum* : que l'hymne des Marseillais était le *Te Deum* de la République et le plus digne de frapper les oreilles d'un Français libre.

La Convention, dans sa séance du 26 messidor an III, décréta qu'il serait désormais le Chant national de la France.

*
* *

Née de la Révolution, comme la liberté, la

Marseillaise disparut avec la liberté au coup d'Etat du 18 brumaire.

*
* *

Sous le premier Empire et la Restauration, elle fut toujours considérée comme chant séditieux et soigneusement proscrite.

*
* *

Sa proscription ne prit fin qu'en 1830 ; mais *La Parisienne* de Casimir Delavigne, plus nouvelle, ne tarda pas à la supplanter.

Sa vogue reprit seulement en 1840 à la suite du traité de Londres, signé sans la participation de la France. Le pays entier, froissé de cette exclusion, demandait à relever son prestige par les armes. On vit alors dans les théâtres les spectateurs réclamer la Marseillaise et les acteurs la chanter un drapeau tricolore à la main. La salle entière se levait et reprenait le refrain comme aux années de la Révolution. Mais elles étaient loin déjà, et si le peuple avait conservé son ardeur belliqueuse d'autrefois, le soldat de Jemmapes était devenu le pacifique roi Louis-Philippe. Il s'opposa à la guerre.

Après avoir fait le succès de la célèbre actrice Rachel en 1848, sous la seconde République, l'hymne de Rouget de Lisle fut de nouveau banni par Napoléon III.

On eut cependant trois fois l'occasion de l'entendre sous son règne.

La première, c'était pendant l'exposition universelle de 1867, au cirque de l'Impératrice : une musique militaire autrichienne joua le chant proscrit, au moment où personne ne s'y attendait. Il fut accueilli avec un enthousiasme qui dénotait clairement un retour à l'idée de liberté.

La seconde fois, c'était aux funérailles d'un jeune homme de vingt ans, Victor Noir, assassiné par le prince Louis Bonaparte. Le peuple en faisait son chant de protestation contre le régime impérial.

On l'entendit encore quelques mois plus tard, après la déclaration de guerre à la Prusse. Napoléon III, dans son effarement, avait rappelé d'exil la Marseillaise. Elle reparut alors partout : dans les théâtres, dans les cafés-concerts et sur les boulevards, où de pseudo-ouvriers en blouse blanche, à la solde du gouvernement, la chantaient en criant : A Berlin ! Mais, cette fois, elle devait conduire notre vaillante armée, mal dirigée, à la défaite, et l'Empire à son tombeau.

*
* *

Depuis cette époque douloureuse, dont nous gardons tous pieusement le souvenir, elle n'a pas cessé d'être chantée dans notre pays, qu'elle a si souvent contribué à sauver autrefois. Le gouvernement de la troisième République a fini par lui redonner le titre qu'elle mérite. En 1879, le décret de la Convention a été remis en vigueur, et la Marseillaise est aujourd'hui redevenue le Chant national officiel de la France.

**

Après tant de péripéties, elle a toujours conservé son ancien prestige. Elle est toujours restée vivante, malgré des défauts tenant à la fois du temps où elle a été composée et de la rapidité de son improvisation.

C'est que ses strophes, on peut le dire, expriment non pas les sentiments particuliers d'un peuple, mais ceux de tous les peuples qui ont à défendre la liberté contre le despotisme.

« Son refrain, dit M. Sarcey, n'est qu'un cri ; mais quel cri, et qu'il ramasse d'idées et de souvenirs en trois mots qui éclatent comme une fanfare :

Aux armes, citoyens !

Non, ce chant n'est pas d'un poëte ! C'est du cœur même de la nature qu'il s'est échappé en un jour de fièvre patriotique. »

Citoyens... c'est le peuple, qui avant 1789 était bon, tout au plus, à fournir aux privilégiés l'argent gagné à la sueur de son front ; ce sont ces hommes qui ne pouvaient, sous l'ancien régime, atteindre qu'au grade de sergent et qui devinrent, sous la République, des généraux aussi brillants et non moins redoutables que les Turenne et les Condé ; ce sont ces soldats improvisés qui se levèrent en masse pour défendre le sol sacré de la patrie et vaincre les puissances militaires les plus redoutables.

Dans l'impossibilité de dénigrer les idées élevées et la musique entraînante de ce chant, ses détracteurs ont tenté de le rabaisser, en insinuant qu'il était dû à une collaboration anonyme et que sa musique venait d'Allemagne.

Il est aujourd'hui prouvé qu'il est entièrement de Rouget de Lisle.

C'est bien lui qui composa les couplets, à l'exception du septième :

Nous entrerons dans la carrière

généralement appelé couplet des enfants.

Il ne l'a d'ailleurs jamais revendiqué comme sien, et son auteur est un poète de la période révolutionnaire, nommé Louis Dubois. Presque tous les exemplaires de la Marseillaise remontant à cette période portent du reste le nom de Rouget de Lisle. Sur les uns, il est appelé « le ci-devant officier du génie de Lille, » sur d'autres « Rouget de Lisle » et « J. Rouget de Lisle, capitaine au corps du génie, aide de camp du général Valence. »

*
* *

Quant à la musique, des savants d'outre-Rhin, sans doute dans le but de nous enlever un de nos chefs-d'œuvre nationaux, ont prétendu qu'elle avait été tirée d'une messe solennelle d'un maître de chapelle allemand et importée chez nous. Des publicistes ont tenu à vérifier cette assertion ; mais leurs recherches ont été vaines, ils n'ont jamais pu découvrir cette fameuse messe.

La musique de notre Chant national est donc tout aussi française que ses paroles. On l'a, il est vrai, un instant attribuée au compositeur Grétry ; mais il a lui-même déclaré formellement que l'auteur véritable était bien Rouget de Lisle.

* **

La Marseillaise, comme toute œuvre remarquable, devait avoir et a eu des imitations.

On lui a, en effet, fréquemment emprunté sa musique et son titre, pour les adapter aux sujets les plus variés. Il faudrait un volume entier pour rapporter ces adaptations.

Nous indiquerons seulement les plus originales, composées en 1830 par un professeur du collège de Saint-Vallier dans la Drôme. Ce sont deux traductions fidèles de l'hymne de Rouget de l'Isle : l'une, en vers latins rimés, et l'autre en vers grecs, également rimés. Elles avaient été faites sur la demande des pères de famille de la localité, enthousiasmés de voir flotter le drapeau tricolore dans leur petite ville.

* **

« Aujourd'hui, dit M. René Goblet, dans l'éloquent discours qu'il a prononcé à la fête du centenaire de notre Chant national, la Marseillaise a vaincu même les vieux préjugés et les défiances de ses adversaires. Elle est devenue pour tous, pour nous, comme elle l'était déjà pour l'étranger, l'hymne national de la France ; elle préside à nos fêtes publiques, elle accompagne nos régiments et nos vaisseaux partout où les conduit l'intérêt de la République, et les plus puissants souverains l'entendent avec respect. »

Nous devons avoir le ferme espoir qu'elle a conservé sa vertu magique d'autrefois, et qu'elle nous conduira encore à la victoire, le jour où la République sera en danger.

II

Rouget de Lisle, Claude-Joseph, était franc-comtois. Il naquit à Lons-le-Saunier, le 10 mai 1760.

*
* *

Il fit ses premières études au collège de sa ville natale, où il montra déjà des dispositions pour la poésie et la musique. Son père, avocat au Parlement, le plaça ensuite dans une école militaire. Il en sortit, en 1784, lieutenant en second dans l'arme du génie.

L'année 1789 le trouva capitaine, grade qu'il avait encore en 1792, lorsqu'il improvisa la Marseillaise.

Bien qu'il fût l'auteur de cet admirable chant de la Révolution, on le destitua dans l'année même où il l'avait composé, pour avoir refusé d'adhérer au décret proclamant la déchéance de Louis XVI. Mais, patriote avant tout, il ne tarda pas à reprendre du service comme volontaire dans l'armée des Ardennes. Le général Valence remarqua vite ses capacités, et, après l'avoir fait réintégrer dans son grade, se l'attacha en qualité d'aide de camp.

A la Terreur, il fut arrêté et resta emprisonné à Saint-Germain-en-Laye jusqu'à la chute de Robespierre, qui lui inspira l'hymne du 9 thermidor.

Il prit part au combat de Quiberon, où il fut blessé, et à la suite duquel la Convention, voulant le récompenser, le nomma chef de bataillon.

Il quitta la carrière militaire en 1796, puis demanda à y rentrer l'année suivante ; mais le Directoire ne l'accepta pas.

Son existence, à partir de cette époque, est des plus malheureuses.

On le retrouve, en 1802, à la tête d'une entreprise de fourniture de vivres à l'armée. Plus tard, sans fortune, sans position, on le voit réduit à traduire des ouvrages anglais et à écrire ses mémoires pour vivre. En 1812, il vend sa part de l'héritage paternel, tellement il est dans la gêne.

Longtemps encore il devait y rester, car il ne reçut jamais de pension du gouvernement de la Restauration, comme on l'a prétendu. C'est seulement après 1830 que Louis-Philippe, en souvenir de ce qu'ils avaient autrefois servi en même temps, lui fit la libéralité d'une pension de 1,500 francs et le décora de la Légion d'honneur. Il obtint, en outre, grâce à l'intervention de Béranger, deux autres pensions de 1,000 francs chacune, du ministre de l'intérieur et du ministre du commerce.

Rouget de Lisle, si longtemps deshérité de la fortune, ayant dès lors assez pour vivre à l'aise, se retira à Choisy-le-Roi, près d'un de ses amis, le général Blein. C'est là qu'il termina sa vie, le 26 juin 1836.

Aujourd'hui, il n'est connu que comme auteur de la Marseillaise ; cependant il a écrit de nombreux ouvrages : mémoires, pièces de théâtres, articles de journaux, chants patriotiques, sans compter ses traductions.

Mais la Marseillaise seule suffit à sa gloire, et désormais son nom, comme son œuvre, est impérissable.

LA MARSEILLAISE

1ᵉʳ COUPLET

Allons, enfants de la patrie,
Le jour de gloire est arrivé !
Contre nous, de la tyrannie
L'étendard sanglant est levé ! *(bis)*
Entendez-vous, dans les campagnes,
Rugir ces féroces soldats ?
Ils viennent jusque dans nos bras
Egorger nos fils, nos compagnes !

REFRAIN

Aux armes, citoyens ! Formez vos bataillons !
Marchons ! *(bis)* Qu'un sang impur, abreuve nos sillons !

2º COUPLET

Que veut cette horde d'esclaves,
De traîtres, de rois conjurés ?
Pour qui ces ignobles entraves,
Ces fers dès longtemps préparés ? *(bis)*
Français ! pour nous, ah ! quel outrage !
Quels transports il doit exciter !
C'est nous qu'on ose méditer
De rendre à l'antique esclavage !

3º COUPLET

Quoi ! ces cohortes étrangères
Feraient la loi dans nos foyers !
Quoi ! ces phalanges mercenaires
Terrasseraient nos fiers guerriers ! *(bis)*
Grand Dieu ! par des mains enchaînées
Nos fronts sous le joug se ploieraient !
De vils despotes deviendraient
Les maîtres de nos destinées !

4° COUPLET

Tremblez, tyrans ! et vous, perfides,
L'opprobre de tous les partis !
Tremblez ! vos projets parricides
Vont enfin recevoir leur prix ! *(bis)*
Tout est soldat pour vous combattre
S'ils tombent, nos jeunes héros,
La France en produit de nouveaux,
Contre vous tous prêts à se battre !

5° COUPLET

Français, en guerriers magnanimes,
Portez ou retenez vos coups !
Epargnez ces tristes victimes
A regret s'armant contre nous. *(bis)*
Mais ces despotes sanguinaires,
Mais ces complices de Bouillé,
Tous ces tigres qui, sans pitié,
Déchirent le sein de leur mère !...

6° COUPLET

Amour sacré de la patrie,
Conduis, soutiens nos bras vengeurs !
Liberté, liberté chérie,
Combats avec tes défenseurs ! *(bis)*
Sous nos drapeaux, que la victoire
Accoure à tes mâles accents !
Que tes ennemis expirants
Voient ton triomphe et notre gloire !

7° COUPLET

Nous entrerons dans la carrière
Quand nos aînés n'y seront plus ;
Nous y trouverons leur poussière
Et la trace de leurs vertus. *(bis)*
Bien moins jaloux de leur survivre
Que de partager leur cercueil,
Nous aurons le sublime orgueil
De les venger ou de les suivre !

BESANÇON, IMPR. MILLOT FRÈRES ET Cⁱᵉ

www.ingramcontent.com/pod-product-compliance
Lightning Source LLC
Chambersburg PA
CBHW070702050426
42451CB00008B/454